AF381010

L'ART DE L'ARGUMENTATION

Développer son sens de la répartie
pour avoir toujours le dernier mot

Par Benjamin Fléron

50MINUTES.fr

L'ART DE L'ARGUMENTATION

- **Problématique ?** Comment sortir gagnant d'une confrontation verbale en employant la réplique appropriée sur le ton adéquat ?
- **Utilité ?** Se donner les armes pour défendre ses opinions, se mettre en valeur et préserver sa crédibilité professionnelle.
- **Contexte professionnel ?** Ressources humaines, développement personnel, relations professionnelles.
- **FAQ ?**
  - Naissons-nous avec « la répartie dans le sang » ?
  - La répartie est-elle à la portée de tous ?
  - Qu'est-ce qui différencie une bonne répartie d'une mauvaise ?
  - Quelles attitudes dois-je adopter pour m'assurer un maximum de chances de réussite ?
  - Quels avantages ai-je à développer mon sens de la répartie ?

- Comment améliorer mon sens de la répartie ?
- Un collègue me taquine fréquemment sur mon physique, comment puis-je lui répondre ?
- Comment répondre à mon patron sans risquer de me le mettre à dos ?

Que ce soit à l'issue d'une discussion houleuse entre collègues, à la suite d'une remarque piquante de votre employeur ou au sortir d'un entretien professionnel, peut-être vous êtes-vous déjà fait la réflexion suivante : « Pourquoi diable n'ai-je pas répondu ça ? » Mais, qu'il s'agisse d'une réplique bien sentie pour clouer le bec, d'une esquive rhétorique pour échapper à une question gênante ou d'une touche d'humour pour désamorcer une situation tendue, cette fameuse réponse n'apparaît comme une évidence qu'une fois la bataille terminée, et bien souvent perdue. Frustré de n'avoir pas pu vous défendre aussi bien que vous l'auriez voulu, humilié d'avoir ainsi été mouché en public sans avoir su comment réagir, vous en êtes alors réduit à pester contre vous-même et votre satané manque de répartie. « Si seulement ça s'apprenait ! » vous dites-vous alors. Mais qui a dit que ce n'était pas le cas ?

Contrairement à ce que certains s'imaginent peut-être encore, le sens de la répartie n'est pas quelque chose d'inné. Ce n'est pas une bénédiction dont une poignée de privilégiés aurait hérité par miracle à la naissance, et il n'existe pas non plus de gène de la répartie inscrit ou non dans notre ADN. Alors, comment expliquer que certaines personnes arrivent toujours à sortir avec le plus grand naturel la réplique qui fait mouche, quand d'autres se prennent immanquablement les pieds dans le tapis lorsqu'ils essaient d'être spirituels ? Bien souvent, ils n'ont simplement pas le même parcours de vie. Ainsi, les raisons pour lesquelles ils réagissent différemment au même type de situations peuvent avoir des fondements bien différents : le milieu dans lequel ils ont grandi et évolué, les expériences qu'ils ont vécues, les rencontres qu'ils ont faites ou encore, leur éventuel entraînement pour développer et améliorer petit à petit leur sens de la répartie.

Car l'apprentissage de cet art n'est pas réservé à une élite ou à certains types d'individus. Chacun peut en effet acquérir des capacités oratoires s'il en a la volonté, par exemple en apprenant à maîtriser ses émotions, en s'initiant à l'improvisation, en élargissant son vocabulaire et son répertoire de répliques, ou encore en s'inspirant des grands spécialistes du sujet. Ainsi, que vous soyez plutôt de caractère introverti ou extraverti, que vous ayez fait de longues études ou non, que vous veniez d'ici ou d'ailleurs, vous pouvez vous aussi devenir un spécialiste de la rhétorique, un professionnel de l'humour caustique et un expert de la contre-attaque, sous réserve de fournir les efforts nécessaires. Alors plus d'excuses, lancez-vous !

B.A.-BA DE LA RÉPARTIE

QUELLE(S) UTILITÉ(S) DANS LE MONDE DU TRAVAIL ?

S'il s'avère utile dans bien des situations de la vie courante, le sens de la répartie peut se révéler particulièrement précieux et salutaire en milieu professionnel. Pensez à cet employé noyé sous une pile de dossiers qui, de peur de perdre son emploi en froissant son patron, n'ose rien dire lorsque ce dernier le charge d'une énième mission ; à ce chercheur d'emploi pourtant si compétent, mais que l'on ne rappelle jamais parce qu'il perd tous ses moyens lorsqu'un recruteur le pousse dans ses retranchements. Songez aussi à ce patron qui perd client après client, car il ne parvient jamais à justifier les raisons pour lesquelles les différents dossiers prennent du retard. Demandez-vous, enfin, ce que ressent ce collègue qui, chargé d'assurer une présentation importante, bégaie tristement une réponse à côté de la plaque à une question posée par son supérieur hiérarchique. Autant de personnes qui ne se retrouveraient pas en si mauvaise posture si seulement elles avaient développé leur répartie.

Améliorer ses talents oratoires et ses facultés d'improvisation présente de nombreux avantages au niveau professionnel, et les retombées en aval peuvent s'avérer extrêmement bénéfiques pour votre carrière et votre bien-être au travail. Ainsi, en apprenant à répondre du tac au tac aux provocations et aux questions délicates, vous serez plus à l'aise lorsqu'il s'agira :

- d'assurer une présentation devant un large public, que celui-ci soit composé de clients, de collègues ou de décisionnaires. Vous ne craindrez plus ni remarques ni questions, car vous aurez toujours la parade appropriée à portée de main ;
- de justifier un retard ou une erreur. Que la faute vous soit entièrement imputable ou non, vous trouverez toujours la pirouette adéquate pour vous sortir de ce genre de mauvais pas ;
- de vous imposer, vous et vos idées, auprès de collègues au verbe haut. Vous ne serez plus un employé anonyme et invisible, écrasé par les fortes personnalités, mais un membre à part entière de l'entreprise et un élément impor-

tant de sa vie quotidienne ;

- d'asseoir votre autorité et de vous faire respecter par vos subordonnés sans avoir à jouer les tyrans. Un patron ou un supérieur hiérarchique qui ne sait pas s'imposer en leader sans inspirer de la crainte auprès de ses subalternes ne sera pas apprécié et sera vite abandonné par ces derniers en cas de coup dur ;
- de passer un entretien d'embauche et de réussir les tests de résistance au stress auxquels sont susceptibles de vous soumettre les recruteurs. En gardant votre sang-froid en toutes circonstances vous convaincrez plus facilement les recruteurs que vous êtes la personne la plus qualifiée pour le poste ;
- de décrocher des contrats auprès de clients potentiels. Si vous avez réponse à toutes leurs interrogations et parvenez à les rassurer quant à leurs inquiétudes, pourquoi ne vous choisiraient-ils pas pour s'occuper de leurs intérêts ?

Ce ne sont là que quelques-uns des bénéfices professionnels potentiels que l'on peut tirer d'un sens de la répartie affûté. Mais pour qui s'initie à cet art délicat, mais ô combien précieux, les avantages peuvent également se ressentir au quotidien, à travers une confiance en soi accrue, une sérénité retrouvée, une sociabilité facilitée, etc. Ainsi, il serait regrettable de se priver de son apprentissage.

QU'EST-CE QU'UNE BONNE RÉPARTIE ?

Mais avant de chercher à maîtriser le savoir-faire d'une bonne riposte, il est important de se poser cette question fondamentale, car la réponse à y apporter n'est pas aussi évidente qu'il y paraît : une bonne répartie doit-elle impérativement être agressive et avoir pour objectif de clouer le bec de l'opposant ? Une réponse plus douce qui apaiserait un interlocuteur un peu trop nerveux et étoufferait un conflit potentiel ne convient-elle pas tout autant ? Enfin, que penser d'une pirouette humoristique qui permettrait d'esquiver habilement une question embarrassante ? Laquelle de ces attitudes doit-on privilégier ?

À dire vrai, il n'existe pas de type de réparties meilleur qu'un autre, que l'on pourrait employer quelles que soient les circonstances, ni de formule magique ou de recette miracle qui serait toujours efficace. C'est une lapalissade, mais finalement, la bonne répartie, c'est celle qui fonctionne ! Alors, sur quels facteurs se baser pour choisir la réplique la plus appropriée ?

Les facteurs à prendre en compte

- Le statut et la personnalité de votre interlocuteur

Vous ne répondrez bien sûr pas de la même manière à un collègue que vous connaissez par cœur et qui possède le même statut hiérarchique que vous, ou à votre nouvel employeur, que vous apprenez seulement à connaître et à qui vous devez rendre des comptes. Il vous faut prendre en compte la personnalité de la personne en face de vous : ce n'est pas parce que vous êtes sous les ordres directs de ce chef de service qu'il ne sera pas réceptif à une remarque franche et directe. Suivant cette logique, tout le monde ne réagit pas de la même façon suivant le type d'humour : deux collègues réagiront peut-être différemment à une taquinerie gentillette ; l'humour noir marchera particulièrement bien auprès d'une personne tandis qu'un humour potache tombera complètement à plat auprès du même individu.

Ainsi, il est important de savoir d'abord à qui vous vous adressez si vous voulez adapter au mieux votre réponse.

<u>Mise en situation</u>

Robert, aux côtés de qui vous travaillez depuis près de 10 ans et que vous considérez comme un ami, vous taquine sur les quelques kilos que vous avez pris pendant les fêtes. Robert n'est pas bien grand et a beaucoup d'autodérision, aussi n'hésitez-vous pas à lui rétorquer que vous avez pris en tour de taille les centimètres qu'il a oublié de prendre en hauteur ! Robert s'esclaffe : il l'a bien cherché. Quelques heures plus tard, Roger, pas plus grand que Robert mais très complexé par sa taille, vous fait la même remarque. Vous lui réservez évidemment la même réponse mais Roger réagit beaucoup moins bien que Robert et vous en veut beaucoup. Enfin, c'est au tour d'Éric, le nouveau chef de service fraîchement arrivé, de vous demander avec le sourire si vous n'avez pas un peu exagéré sur la dinde à Noël. Éric vous semble plutôt sympathique et vous n'ignorez pas qu'il plaisante, mais il n'en demeure pas moins votre supérieur et vous ne le connaissez pas assez bien pour lui « renvoyer l'ascenseur », aussi vous contentez-vous de sourire et de répondre qu'un petit régime ne vous ferait en effet pas de mal.

- Le ton employé par votre interlocuteur

Ne vous contentez pas simplement d'écouter ce qu'il a à vous dire, prêtez une attention toute particulière au ton qu'il emploie. Est-il en colère ? Contre vous personnellement ou contre une situation donnée à laquelle vous ne pouvez rien ? Vous charrie-t-il gentiment ou cherche-t-il cruellement à vous blesser ? Vous attaque-t-il vraiment ou fait-il juste une remarque anodine dont il ne mesure pas la portée ? En répondant à ces questions, vous serez plus à même de choisir le ton sur lequel répliquer. Cela vous empêchera de réagir de manière excessive, ce qui pourrait être perçu comme de la paranoïa ou comme un manque de confiance en vous, et de vous laisser marcher sur les pieds au vu et au su de tous, ce qui nuirait à votre crédibilité.

<u>Mise en situation</u>

Électricien de formation, Marcel et Fabien s'occupent de l'entretien des systèmes électriques de vieilles maisons. Après avoir fourni la prestation attendue, ils tendent la facture à leur client respectif, qui ont la même réaction : « c'est fou comme le prix de la vie augmente. Il y a 10 ans, votre collègue m'avait demandé deux fois mois ! ». Marcel acquiesce et sourit : « c'est vrai… Heureusement que je travaille deux fois mieux ! ». Le client sourit à son tour et garde le numéro de Marcel. Fabien, quant à lui, se sent insulté par la remarqué : « vous me traitez de voleur, c'est ça ? ». « Mais non vous m'avez mal compris ! » répond le client qui s'empresse de payer pour prouver sa bonne foi. Fabien part énervé tandis que le client, échaudé par la réaction de Fabien, ne fera plus appel à lui.

- Le contexte dans lequel se déroule l'interaction

S'agit-il d'une discussion informelle devant la machine à café ou d'une réunion importante en présence de l'ensemble des employés ? Des clients sont-ils présents ou bien cela se déroule-t-il en interne ? La journée fut-elle excessivement difficile pour votre interlocuteur, au point peut-être de lui passer une petite saute d'humeur car vous savez qu'il ne pense pas ce qu'il dit ? Il est des situations dans lesquelles l'humour est à proscrire et d'autres où il est particulièrement de mise, tout comme il existe des moments où la mise au point « cash » est de rigueur et d'autres où il vaut mieux faire passer son message de manière plus subtile.

<u>Mise en situation</u>

La journée se termine tandis que Paul met la touche finale à un dossier attendu pour le lendemain. Jean, son supérieur hiérarchique, surgit soudain dans son bureau pour lui reprocher sa lenteur, arguant qu'il aurait dû avoir terminé ce dossier hier (alors qu'on ne lui en a confié la charge qu'aujourd'hui). Ce n'est pourtant pas le genre de Jean de crier sur ses subordonnés, encore moins sans raison valable. Paul s'apprête à lui renvoyer la balle sur le même ton quand il se rappelle que, cet après-midi, Jean devait rendre compte de l'avancée d'un dossier autrement plus important au grand patron. Et si l'on en croit les rumeurs, la réunion ne s'est pas bien passée du tout. Paul comprend mieux l'humeur de son interlocuteur et opte pour une autre stratégie : il lui explique calmement qu'il comprend sa colère mais qu'elle n'a pas à être dirigée contre lui, qu'il a reçu le dossier uniquement dans la journée et qu'il a fait de son mieux pour le finir rapidement.

Jean admet son erreur et se calme aussitôt.

- Votre personnalité

En développant votre sens de la répartie, vous allez ajouter de nouvelles armes à votre arsenal, et vous allez peut-être changer d'image aux yeux de certains, qui remarqueront votre évolution. C'est inévitable et ce n'est pas forcément une mauvaise chose. En revanche, évitez d'en faire trop en cherchant à passer pour celui que vous n'êtes pas. Ainsi, ne vous mettez pas subitement à faire de l'humour gras si vous détestez cela et que vous n'avez jamais ri à ce genre de blagues auparavant. Commencez éventuellement par de petites remarques grivoises qui vous correspondront davantage. Dans le même ordre d'idées, ne jouez pas soudainement les gros durs si vous avez toujours eu un caractère doux. Affirmez-vous davantage et ne vous laissez plus marcher sur les pieds, sans pour autant vous montrer menaçant envers votre opposant. C'est à vous de voir ce qui vous convient le mieux, ce avec quoi vous êtes à l'aise et ce que vous ne sentez pas. Pour qu'une répartie soit plus efficace, elle doit être énoncée avec assurance et naturel. Vous ne convaincrez personne si vous donnez l'impression de vous forcer.

Mise en situation

Pierre ne dit jamais non, aussi ses collègues ont-ils pris l'habitude de se décharger d'une bonne partie de leurs obligations sur lui sans même s'en rendre compte. Aussi, quand arrive la fin de la journée, Pierre est épuisé à force de régler les petits soucis des autres en plus des siens. Pierre se dit qu'il est sans doute trop gentil et qu'il ferait mieux de changer son fusil d'épaule. Ne sachant pas comment faire mais ayant bien compris que sa gentillesse extrême était la source de ses problèmes, Pierre voit dans le comportement opposé la solution à tous ses problèmes. Il se convainc alors qu'il lui faut jouer les méchants, mais ses premières tentatives se soldent par autant d'échecs. Il ne parvient pas à agir en totale contradiction avec sa personnalité et son caractère de toujours, et n'est pas très convaincant. Pierre se sent ridicule et retourne vite à ses vieilles habitudes.

- Lady Astor (politicienne britannique, 1879-1964), en désaccord avec Churchill (1874-1965) s'écrie : « Winston, si j'étais votre épouse, je mettrais du poison dans votre verre ! » Réponse de Churchill : « Et bien moi, Nancy, si j'étais votre mari, je le boirais ! »
- Albert Einstein (1879-1955) à Charlie Chaplin (1889-1977) : « Ce que j'admire le plus dans votre art c'est son universalité. Vous ne dites pas un mot, et pourtant le monde entier vous comprend. » « C'est vrai, réplique Chaplin. Mais votre gloire est plus grande encore : le monde entier vous admire, alors que personne ne vous comprend. »
- Hardy, humoriste, s'adressant à son compagnon Laurel : « Mais tu as complètement vidé le verre. Nous étions supposés le partager moitié-moitié. » Laurel lui répond : « Je ne pouvais pas faire autrement, ma part était au fond. »

LES BONNES ATTITUDES

La réplique infaillible en toutes circonstances n'existe pas, toutefois il est impératif de connaître quelques points essentiels pour que votre répartie soit percutante. En les gardant à l'esprit, vous aurez déjà fait un grand pas en avant sur le chemin de la maîtrise de cette pratique.

Ayez confiance en vous

Nous venons de le voir, une réplique a beaucoup plus de chances d'atteindre son but si elle est prononcée avec aplomb et conviction. Votre attitude est essentielle, peut-être même davantage que la phrase en elle-même. Aussi soyez sûr de vous et n'ayez pas peur de manquer votre coup. Gardez la tête haute, redressez-vous et allez-y ! Si, comme le disait Michel Audiard, grand homme du cinéma français, « un intellectuel assis va toujours moins loin qu'un con qui marche », une mauvaise répartie énoncée avec conviction aura toujours plus de poids qu'une bonne marmonnée avec appréhension !

Soyez décontracté

Une bonne répartie ne doit pas donner l'impression que vous jouez votre vie sur elle. Ne vous prenez pas trop au sérieux ! Même si l'on parle souvent de « riposte », de « confrontation » ou encore d'« attaque verbale », apprenez à considérer ce genre d'échange comme un jeu, et non comme un conflit armé. Décontractez-vous, prenez du plaisir et surtout : souriez ! Quoi de plus désarmant ? C'est la meilleure preuve que les vacheries que l'on peut vous jeter au visage ne vous atteignent pas, car vous savez ce que vous valez et vous accordez bien plus de crédit à votre propre jugement qu'à celui d'une tierce personne. En prime, vous serez nettement plus naturel et détendu, et aurez par conséquent moins de mal à trouver les mots justes pour vous exprimer.

Restez spontané et prenez du recul

« C'est justement là que réside toute la difficulté de la chose ! » me direz-vous. C'est en effet cela qui pose le plus souvent problème. La réponse parfaitement appropriée, on finit bien souvent par la trouver... mais en général un peu trop tard. La solution est pourtant simple : cessez de vous concentrer sur la recherche de la réponse parfaite ! Écoutez attentivement votre interlocuteur, cernez l'intention derrière ses propos et répondez-lui naturellement.

En vous fixant sur l'autre, son attitude, son ton et ses paroles, vous ne serez plus focalisé sur vous et vous prendrez de la distance par rapport à la situation. Vous serez dès lors plus à même de répondre spontanément sans être parasité par vos émotions. Ce n'est pas un hasard si vous ne pensez pas à la réponse parfaite dans le feu de l'action, mais bien une fois la tension retombée. C'est parce que vous avez eu le temps de prendre du recul et que vos émotions se sont apaisées, votre raison reprenant le dessus. Même si ce n'est pas évident, une répartie efficace nécessite de vous détacher de la conversation en cours.

Faites attention à votre langage corporel

Ne négligez pas l'importance du langage corporel dans le succès de votre répartie. Votre posture et votre gestuelle en disent plus sur vous et votre état d'esprit que vous ne le pensez, aussi prêtez-y particulièrement attention sous peine de voir vos meilleures répliques tomber à plat. Cependant, peser le moindre de vos gestes n'est évidemment pas possible ni même recommandé (vous ne voulez pas avoir l'air d'un robot !), et les experts eux-mêmes ont parfois du mal à accorder leurs violons quant à la signification de tel ou tel geste. Heureusement, il existe malgré tout une série de postures et de réflexes physiques instinctifs qui ne trompent pas et dont vous devez vous méfier. Par exemple, croiser les bras lors d'une attaque verbale révélera votre malaise auprès de votre interlocuteur autant que si vous commenciez à bégayer.

Essayez au contraire d'adopter une posture plus ouverte : épaules naturellement droites, bras le long du corps et pieds écartés. Vous paraîtrez ainsi plus confiant. Si vous n'y arrivez pas, prenez l'habitude de glisser vos pouces dans les passants de votre pantalon, ainsi vous serez sûr de ne plus croiser les bras et de garder une posture ouverte en permanence ! De la même manière, faites attention à ces gestes que vous effectuez parfois sans même vous en rendre compte, mais qui vous trahissent à tous les coups :

- fuir le regard de votre interlocuteur lorsque vous lui mentez ;
- toucher votre nez à chaque fois que vous êtes mal à l'aise ;
- taper du pied sur le sol quand vous êtes nerveux et stressé ;
- mordiller vos lèvres ou ronger vos ongles lorsque vous êtes anxieux ;

Rassurez-vous, inutile de devenir un spécialiste pour ne plus commettre ces erreurs préjudiciables. Il vous suffit de repérer vos propres tics et habitudes et de vous attacher à les faire disparaître les uns après les autres.

TOP CONSEILS

- **Soyez à l'écoute !** Il s'agit là du meilleur conseil que vous pourriez appliquer. En effet, pour savoir quoi et comment répliquer aux propos de votre interlocuteur, il faut d'abord avoir compris son message et, pour cela, l'avoir écouté attentivement. Comme nous l'avons déjà mentionné, il vous faut non seulement prêter attention à ses paroles, mais aussi au ton sur lequel il les prononce, ainsi qu'à sa gestuelle, à ses expressions, etc. Quel message essaie-t-il de faire passer ? Quelle est l'intention qui l'anime ? Quelles sont les failles susceptibles d'être exploitées à votre avantage dans son discours ? Enfin, soyez à l'affût des bons mots, des traits d'humour dévastateurs, des formules ingénieuses, etc., que ce soit dans la vie courante ou à la télévision, vous en entendez tous les jours alors pourquoi ne pas vous les approprier ? C'est encore la façon la plus simple d'étoffer son arsenal.

- **Exercez-vous !** Il n'y a pas de miracle : le sens de la répartie ne tombe pas du ciel, et vous ne deviendrez pas expert en matière de répliques cinglantes et d'esquives en deux coups de cuiller à pot. Comme tout ce qui s'apprend, maîtriser la répartie demande du temps, de l'entraînement et de la mise en pratique. Notez les répliques qui vous plaisent et relisez-les jusqu'à ce qu'elles vous semblent naturelles. Répétez-les devant votre miroir s'il le faut (personne ne vous verra !) et testez-les dans des conditions réelles. Analysez leur impact, ce qui a fonctionné et ce qui n'a pas marché. Dans le même ordre d'idées, au lieu de fuir les débats par peur de passer pour un idiot, prenez plutôt l'habitude d'y participer. Ce n'est que comme ça que vous progresserez petit à petit. Cela vous effraie ? Rien ne vous empêche de faire les choses doucement, en commençant par prendre part aux débats dont les sujets sont sans grande importance et peu chargés émotionnellement. Les émissions de télévision, les rencontres sportives ou encore les modes du moment deviendront ainsi de parfaits terrains d'entraînement pour commencer à exprimer vos opinions et mettre à l'essai vos capacités.

Très vite, vous saurez quelles phrases vous font gagner des points, mais également lesquelles ne trouvent jamais preneur, ou encore, quand hausser le ton et quand se montrer plus cool et détaché.

- **Inspirez-vous !** Certaines catégories de personnes sont réputées pour leur sens de la formule, aussi pourquoi ne pas vous en inspirer ? Les professionnels de la scène, par exemple, ont bénéficié de cours d'improvisation, mais également d'expression scénique, ce qui leur permet de s'imposer physiquement et d'occuper l'espace comme peu de gens en sont capables. De plus, ils sont généralement dotés d'une importante culture littéraire sur laquelle ils peuvent s'appuyer. Les hommes politiques sont quant à eux connus pour rebondir et répondre du tac au tac aux différentes piques verbales qui leur sont adressées. Ils sont également passés maîtres dans l'art d'esquiver les questions susceptibles de les mettre dans une position délicate. Dévorez donc sans modération débats et interviews politiques, et tirez-en parti ! Enfin, n'oublions pas non plus que nous sommes à l'ère des fameux « snipers » de la télévision. Qu'ils soient critiques reconnus ou simples humoristes, ils sont réputés pour dégainer l'artillerie lourde plus vite que leur ombre et ne pas se laisser marcher dessus.

- **Ne vous laissez pas envahir par vos émotions !** Il s'agit sans doute de l'un des conseils les plus difficiles à mettre en œuvre, mais également de l'un des plus importants. Quoi de plus humain en effet que de réagir émotionnellement à ce que l'on perçoit comme une agression ou une attaque personnelle ? Si le sujet vous tient à cœur, c'est encore plus dur de faire preuve de détachement. Pourtant, il est impératif que vous appreniez à garder votre sang-froid et à maîtriser vos nerfs au risque de perdre tous vos moyens. Rappelez-vous : vous ne jouez pas votre vie, alors ne paniquez pas inutilement ! Ce n'est que de cette manière que vous parviendrez à exploiter en un temps record toutes vos ressources intellectuelles.

- **Travaillez votre approche physique !** On ne le dira jamais assez : la manière dont l'on assène une réplique est au moins aussi importante que la réplique en elle-même. Gardez bien à l'esprit que la forme est primordiale et qu'une réplique n'aura pas le même impact si vous la marmonnez la main devant la bouche, le menton sur la poitrine et le regard fuyant que si vous l'affirmiez à voix haute, les épaules droites, un sourire sur le visage et les yeux dans les yeux. Ce langage corporel en dit plus long sur vous que vous ne le pensez, et l'issue d'un débat en dépend bien souvent. N'hésitez pas à prendre des cours de théâtre, il n'est pas de meilleure école pour découvrir son corps et apprendre à en faire un allié précieux.

- **Ne partez pas battu d'avance !** Vous ne sortirez jamais gagnant d'une confrontation verbale si vous êtes convaincu que vous allez la perdre avant même d'avoir livré bataille. Vous avez sans doute déjà entendu parler de cette habitude qu'ont les grands sportifs de s'imaginer soulever le trophée avant d'avoir disputé la compétition ? C'est ce que l'on appelle l'autosuggestion positive ou la pensée positive : en vous imaginant réussir, en vous le répétant encore et encore comme un mantra, vous vous forgez un état d'esprit de gagnant et vous créez ainsi les conditions nécessaires pour y arriver. Inspirez-vous de cette méthode, construisez-vous une image mentale positive dans laquelle vous répondez avec assurance et sang-froid à un interlocuteur qui en perd son latin. En visualisant ainsi la scène dans votre esprit, vous serez beaucoup plus à l'aise et sûr de vous lorsque la situation se produira vraiment.

LA MÉTHODE COUÉ

Émile Coué (psychologue et pharmacien français, 1857-1926) a mis au point une méthode d'autosuggestion. Elle se base sur l'idée que si notre esprit est convaincu de pouvoir réaliser quelque chose, alors tout est possible. L'individu doit s'encourager en répétant plusieurs fois des phrases positives.

- **Ne vous prenez pas trop au sérieux !** Faites preuve d'humour et d'autodérision, apprenez à rire de vous-même. Vous n'en serez que plus fort quand viendra l'heure d'essuyer critiques et moqueries, car celles-ci ne vous atteindront pas. Et, quoi de plus efficace pour déstabiliser votre adversaire que d'utiliser ses propres munitions contre vous-même, en prenant grand soin de les désamorcer avec le sourire ? Vous êtes plus petit que l'un de vos collègues et il se plaît à vous le faire remarquer ? Dites-lui que vous abattez un travail proportionnellement inverse à votre taille. On vous attaque sur votre embonpoint ? Répondez avec le sourire que vous ne pouvez jamais résister aux bons petits plats de votre compagne (ou compagnon) ! N'hésitez pas non plus à jouer sur les stéréotypes. Pensez à ces humoristes qui en rajoutent volontairement une couche sur leurs origines, leur sexe ou leur confession et les préjugés qui en découlent. Jamel Debbouze (humoriste issu d'une banlieue parisienne et originaire du Maroc, né en 1975) a ainsi bâti sa carrière de comique à partir des clichés sur les jeunes de cité et l'immigration, tandis que le réalisateur américain Woody Allen (né en 1935) est le premier à rire de la prétendue radinerie des juifs alors qu'il l'est lui-même ! Comment pourrait-on se moquer d'eux alors qu'ils le font déjà très bien eux-mêmes ?

Ce jeu de société liégeois inventé par Geneviève Smal et Sullivan Hismans vous fera travailler votre sens de la répartie de façon ludique. Le but du jeu est de répondre le plus rapidement possible à l'une des 52 cartes, affichant une pique, en suivant une consigne précise : utiliser l'autodérision, la pirouette, l'insolence, la vérité ou le compliment pour la version chrono ; la rime, l'alexandrin, la fausse citation, le haïku ou le premier mot pour la version intello.

Développez des compétences pour affronter toutes sortes de situations personnelles ou professionnelles !

FAQ

NAISSONS-NOUS AVEC « LA RÉPARTIE DANS LE SANG » ?

Personne ne vient au monde avec le sens de la répartie ! Ce n'est pas quelque chose d'inné, qui s'acquiert par legs génétique ou par l'intervention du Saint-Esprit ; il s'agit d'un acquis, que l'on obtient et polit à force de travail, de recherches, d'expérimentations, de mises en pratique, d'échecs et de réussites. Certains ont certes grandi et évolué dans des environnements plus favorables à l'épanouissement de cette faculté : une famille d'intellectuels, des études littéraires, un attrait particulier pour l'humour, etc. Cela ne veut pas dire pour autant qu'ils sont les seuls à pouvoir développer cette arme.

LA RÉPARTIE EST-ELLE À LA PORTÉE DE TOUS ?

Oui, absolument tout le monde peut apprendre à développer son sens de la répartie. Quels que soient son origine, sa personnalité et son niveau d'instruction, on peut toujours progresser si l'on fournit les efforts nécessaires et si l'on fait preuve de volonté. Il n'y a donc aucune excuse pour ne pas au moins essayer de s'améliorer !

QU'EST-CE QUI DIFFÉRENCIE UNE BONNE RÉPARTIE D'UNE MAUVAISE ?

Simplement le fait que l'une atteint son but et l'autre non. Il n'existe pas de répartie qui soit fondamentalement bonne ou mauvaise, c'est son succès qui détermine l'un ou l'autre statut, et il peut dépendre de bien des facteurs : la fonction et la personnalité de l'interlocuteur, son humeur du moment, le contexte dans lequel se déroule l'interaction, etc. C'est ainsi qu'une même répartie peut s'avérer tantôt bonne, tantôt mauvaise.

QUELLES ATTITUDES DOIS-JE ADOPTER POUR M'ASSURER UN MAXIMUM DE CHANCES DE RÉUSSITE ?

Les comportements suivants facilitent le succès d'une répartie.

- **Avoir confiance en soi** : une mauvaise réplique énoncée avec conviction, les yeux dans les yeux, aura toujours plus de chances d'atteindre sa cible qu'une bonne, bredouillée avec le regard baissé. Dans une confrontation verbale, la forme compte toujours au moins autant que le fond.
- **L'humour** : la pratique de l'autodérision permet de prendre du recul sur soi-même et sur la situation et, de ce fait, de dédramatiser. Elle prive également l'opposant de prises auxquelles il pourrait s'accrocher. Enfin, en donnant à la confrontation une importance modérée, vous contraindrez votre interlocuteur à descendre d'un ton, sous peine de passer lui-même pour une personne excessive et antipathique.
- **Le lâcher-prise** : en arrêtant de chercher à tout

contrôler pour sortir la réplique parfaite, vous serez plus spontané dans vos réponses : elles gagneront en naturel et, par conséquent, en force. Le mieux est l'ennemi du bien, alors ne vous creusez pas la tête en quête de la réponse idéale sous peine de ne rien pouvoir répondre du tout. Écoutez simplement ce que votre interlocuteur a à dire, sans trop vous préoccuper de la manière dont vous allez rétorquer, et embrayez aussitôt avec assurance.

QUELS AVANTAGES AI-JE À DÉVELOPPER MON SENS DE LA RÉPARTIE ?

Les bénéfices potentiels sont nombreux :

- moins de difficultés à justifier un retard ou une erreur auprès de votre supérieur ;
- plus d'assurance auprès de vos clients et donc plus de contrats gagnés et/ou sécurisés ;
- plus d'autorité naturelle auprès de vos employés ;
- plus de confiance en vous au moment d'exprimer vos idées ou d'exposer le fruit de votre travail et donc une meilleure image au sein de

votre entreprise ;

- plus de culot et d'assurance dans les entretiens d'embauche, et donc plus de succès auprès des recruteurs ;
- plus d'aisance à l'oral et donc de facilité à parler en public ;
- etc.

COMMENT AMÉLIORER MON SENS DE LA RÉPARTIE ?

Il existe bien des manières de progresser dans ce domaine.

- **Soyez attentif et à l'écoute de votre interlocuteur** : ses propos, son message, son état d'esprit, sa gestuelle, etc., en vue de déceler les éventuelles failles dans son discours, mais aussi de ne pas trop vous focaliser sur vos émotions et votre ressenti.
- **Exercez-vous encore et encore** : notez et répétez devant votre miroir les mots et expressions que vous avez entendus et qui vous ont plu, jusqu'à les « posséder ». De plus, participez à un maximum de débats et de discussions, et étoffez votre vocabulaire.
- **Inspirez-vous des spécialistes en la ma-**

tière : professionnels de la scène, politiciens, hommes de médias, grands auteurs, dialoguistes de cinéma, etc.

- **Prêtez attention à vos attitudes physiques et travaillez-les si nécessaire** : votre posture, votre gestuelle, le ton de votre voix, vos expressions faciales, etc., autant d'éléments susceptibles de véhiculer des informations positives ou négatives sur vous et d'influencer la portée de votre discours.
- **Partez confiant et sûr de votre réussite** : en visualisant la scène et en vous imaginant vainqueur, vous augmentez vos chances de succès.
- **Développez votre sens de l'humour et votre autodérision** : riez de vos complexes, de votre physique, des traits de votre personnalité ou encore des stéréotypes liés à vos origines, votre sexe ou votre religion.

UN COLLÈGUE ME TAQUINE FRÉQUEMMENT SUR MON PHYSIQUE, COMMENT PUIS-JE LUI RÉPONDRE ?

La première chose à faire est de ne pas accorder trop d'importance à ses propos, qui n'engagent que lui. De plus, peut-être cherche-t-il simplement à vous déstabiliser et, n'ayant rien trouvé à redire sur la qualité de votre travail, tente une autre approche. En réagissant négativement et en lui répondant avec agressivité, vous entrez dans son jeu et lui montrez que ce qu'il dit vous atteint et vous blesse. Prenez plutôt le contre-pied : riez et contre-attaquez sur le ton de la plaisanterie. Vous n'avez aucune raison de vous sentir honteux pour ce que vous êtes, alors pourquoi agir comme si c'était le cas ?

Apprenez à jouer avec les stéréotypes et à les retourner en votre faveur lorsque cela est possible. Un nouveau collègue essaie de se faire remarquer en se moquant de votre tour de taille ? Répondez-lui que vous avez dévoré ses prédécesseurs et que son tour viendra bien assez tôt. Il vous taquine sur vos présumées grandes oreilles ? Dites-lui que votre seul regret, c'est que vous êtes obligé d'entendre toutes ses bêtises. Les possibilités ne manquent pas mais le principe reste le même : n'ayez pas honte de ce que vous êtes, ne cherchez pas à dissimuler vos défauts, mais assumez-les avec humour et jouez-en pour charrier les autres à votre tour !

COMMENT RÉPONDRE À MON PATRON SANS RISQUER DE ME LE METTRE À DOS ?

Si s'affirmer face à un collègue n'est pas évident, les choses se compliquent encore lorsqu'il s'agit d'un supérieur hiérarchique qui a le pouvoir de faire de votre vie professionnelle un enfer, voire de vous mettre à la porte. Une fois de plus, il n'existe pas de bonne ou de mauvaise façon de réagir face à ce genre de situation. Quelques pistes peuvent toutefois être privilégiées, et d'autres laissées de côté. Ainsi, bannissez toute réaction excessive, ne vous laissez pas emporter par la colère et ne répondez jamais de manière agressive. Plutôt que de jeter de l'huile sur le feu, au risque de provoquer un incendie que vous ne pourrez plus éteindre, cherchez la parade qui calmera le jeu et apaisera les tensions.

Vous l'aurez compris, le recours à l'humour est ici vivement conseillé. Attention, l'idée n'est pas de tourner en dérision les propos de votre interlocuteur (vous ne feriez alors qu'attiser sa colère) mais bien de les dédramatiser en jouant la carte de l'autodérision.

À VOUS DE JOUER !

Comme nous l'avons vu, il n'existe malheureusement pas de liste exhaustive de répliques « magiques » que vous pourriez vous contenter d'apprendre par cœur et de réciter le moment venu. La bonne formule d'un jour ne sera peut-être pas celle du lendemain, la riposte qui clouera le bec de votre collègue ne troublera pas votre patron et cette bonne blague qui fait toujours rire tout le monde quand votre ami la raconte avec emphase sera peut-être un fiasco monumental dans votre bouche.

Pour trouver votre propre style, vous allez devoir multiplier les expériences et vous rendre compte par vous-même de ce qui vous correspond le mieux, de ce qui fonctionne ou non, et dans quelles circonstances.

- Vous êtes du genre défaitiste ?

Cette attitude ne vous aidera pas, aussi misez sur l'autosuggestion et la visualisation. La prochaine fois que vous devrez assurer une présentation en présence de clients importants ou que vous devez présider une réunion, profitez des jours précédents pour tenter de mettre ce conseil en pratique. Utilisez les moments libres de la journée pour vous jouer la scène dans votre tête et la tourner à votre avantage. Imaginez-vous conquérant et sûr de vous, prêt à répondre du tac au tac à n'importe quelle question gênante. Répétez-vous comme un mantra que vous allez assurer. Au lieu de vous focaliser sur vos échecs, faites une liste de vos plus beaux succès. En la lisant chaque jour, vous croirez davantage en vos capacités et créerez ainsi les conditions idéales pour réussir.

- Vous possédez un bon nombre de répliques que vous savez hilarantes mais qui ne font jamais rire personne ?

Le problème se trouve sûrement dans la manière dont vous les énoncez, travaillez ce point pour vous améliorer. Inspirez-vous des grands maîtres de l'humour caustique, regardez leurs spectacles et leurs interventions télévisées. Prêtez une attention toute particulière à leurs intonations, à leur gestuelle, à l'utilisation qu'ils font des silences, etc. Puis entraînez-vous à faire de même.

N'hésitez pas à répéter devant votre miroir, ou mieux encore, à vous enregistrer pour pouvoir vous écouter ensuite. Cet exercice de distanciation peut s'avérer particulièrement payant car l'on a souvent une fausse idée de la manière dont les autres nous entendent.

- Au contraire, vous avez la voix qui porte et le regard perçant mais les mots vous manquent pour vous défendre efficacement ?

Vous savez désormais où puiser l'inspiration et comment enrichir votre répertoire. Fixez-vous un premier objectif en lisant un certain nombre de livres par mois ou en vous intéressant un peu plus aux différentes émissions de débat que diffusent les chaînes de télévision.

- Enfin, il existe un jeu amusant auquel vous pouvez vous livrer si vous souhaitez améliorer votre sens de la répartie, quel que soit votre niveau de départ

Ouvrez un dictionnaire au hasard et prenez le premier mot que vous trouvez. Lisez la définition, munissez-vous d'un crayon et d'une feuille et accordez-vous une dizaine de minutes pour écrire tout ce à quoi ce mot vous fait penser. Une fois le temps imparti écoulé, organisez vos notes de manière à formuler le discours le plus sensé possible, même si celui-ci n'a finalement que peu d'intérêt. Puis, relancez le chronomètre et essayez de défendre ce discours à l'oral jusqu'à ce que vous n'ayez plus rien à dire. Petit à petit, vous deviendrez de plus en plus à l'aise, vous parviendrez à structurer rapidement vos idées et serez capable de discuter de nombreux sujets différents.

Vous êtes la personne la plus à même de savoir quels sont vos défauts et vos manquements, alors identifiez-les et appliquez les conseils correspondants mentionnés au fil de ce texte. Vous ne pourrez que progresser !

Votre avis nous intéresse !
Laissez un commentaire sur le site de votre
librairie en ligne et partagez vos coups de cœur sur
les réseaux sociaux !

POUR ALLER PLUS LOIN

SOURCES BIBLIOGRAPHIQUES

- « Avoir de la répartie, vous aussi, vous en êtes capable ! », in *Placedesreseaux.com*, 2010, consulté le 8 août 2015.
http://www.placedesreseaux.com/Dossiers/reseau-relationnel/avoir-de-la-repartie-1.html

- CAVELIER (Yvon), « Comment avoir toujours des idées sur n'importe quel sujet et ne plus jamais louper d'opportunités », in *Copywriting-Pratique.com*, 2012, consulté le 8 août 2015. http://www.copywriting-pratique.com/comment-avoir-tou-jours-des-idees-sur-n-importe-quel-sujet-et-ne-plus-jamais-louper-d-opportunites/

- CHAUDEAU (Céline), « Comment avoir de la répartie en entretien d'embauche ? », in *Keljob.com*, 2013, consulté le 8 août 2015.
http://www.keljob.com/editorial/chercher-un-em-ploi/entretien-dembauche/detail/article/comment-avoir-de-la-repartie-en-entretien-d-embauche.html

- DENIS (Séverine), *Avoir de la répartie en toutes circonstances*, Paris, Eyrolles, 2009.

- DIMIER (Jean-Charles), « 5 astuces pour avoir de la répartie avec succès ! », in *Succesrama.com*,

consulté le 8 août 2015.
http://www.succesrama.com/5-astuces-pour-avoir-de-la-repartie-avec-succes/

- LE QUINTREC (Florent), « Améliorer sa répartie », in *Journaldunet.com*, 2008, consulté le 8 août 2015.
http://www.journaldunet.com/management/efficacite-personnelle/conseil/ameliorer-sa-repartie/ameliorer-sa-repartie.shtml

- LUC (Danièle), « L'esprit de répartie : en avoir ou pas », in *Psychologie.com*, 2001, consulté le 8 août 2015.
http://www.psychologies.com/Moi/Se-connaitre/Personnalite/Articles-et-Dossiers/L-esprit-de-repartie-en-avoir-ou-pas

- MARTIN (Jean-Claude), *Comment avoir le dernier mot : développez votre sens de la répartie pour toujours répondre du tac au tac !*, Paris, Leduc.s éditions, 2011.

- « Répliques historiques », in *Reparties.fr*, consulté le 8 août 2015.
http://www.reparties.fr/la-repartie-et-lhistoire

SOURCES COMPLÉMENTAIRES

- NÖLKE (Mathias), *L'art de la répartie. Ne dites plus : « J'aurais dû répondre ça ! »*, Bruxelles, Ixelles éditions, 2011.

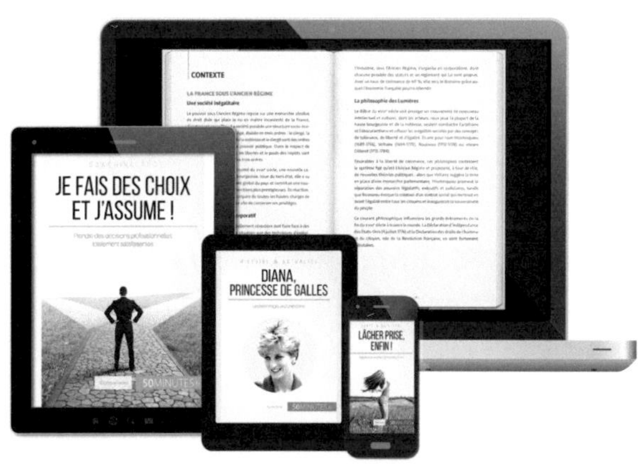